BEI GRIN MACHT SICH IHR WISSEN BEZAHLT

AF166856

- Wir veröffentlichen Ihre Hausarbeit,
  Bachelor- und Masterarbeit

- Ihr eigenes eBook und Buch -
  weltweit in allen wichtigen Shops

- Verdienen Sie an jedem Verkauf

Jetzt bei www.GRIN.com hochladen
und kostenlos publizieren

Unternehmensreputation, Gütekriterien qualitativer Forschung und Gruppenbasierte Interviews. Ein Leitfaden

Bibliografische Information der Deutschen Nationalbibliothek:

Die Deutsche Nationalbibliothek verzeichnet diese Publikation in der Deutschen Nationalbibliografie; detaillierte bibliografische Daten sind im Internet über http://dnb.d-nb.de abrufbar.

ISBN: 9783346499721
Dieses Buch ist auch als E-Book erhältlich.

© GRIN Publishing GmbH
Nymphenburger Straße 86
80636 München

Druck und Bindung: Books on Demand GmbH, Norderstedt Germany
Gedruckt auf säurefreiem Papier aus verantwortungsvollen Quellen

Das Buch bei GRIN: https://www.grin.com/document/1118635

Inhaltsverzeichnis

3

Abkürzungsverzeichnis

KEV   Erfolgreich vermittelter Kandidat

KNV   Nicht vermittelter Kandidat

KVP   Kandidat im Vermittlungsprozess

Tabellenverzeichnis

1. Konzeption eines vollständigen qualitativen Interviewleitfadens zur Unternehmensreputation

Gegenstand dieser Aufgabe ist die Konzeption eines qualitativen Interviewleitfadens zur Erfassung der Unternehmensreputation auf Basis des Reputationskonzeptes von Eisenegger (2005). Die Erstellung des Interviewleitfadens richtet sich nach den Phasen von Mayer (2008) (Mayer, 2008, S. 46; Reinhardt & Ornau, 2015, S. 19-22).

1.1 Die Vorbereitungsphase

Der im Rahmen dieser Arbeit zu konzipierende qualitative Interviewleitfaden thematisiert die Unternehmensreputation des fiktiven Personalberatungsunternehmen M&F GmbH. Eine Reputation (lat. *reputatio*: die Erwägung oder die Berechnung) bezeichnet das Ansehen einer Person oder einer Organisation und ist ein Indiz dafür, wie sich jemand in Zukunft verhalten wird. Gelten Personen oder Organisationen als vertrauenswürdig, verantwortungsvoll oder zuverlässig, genießen sie einen guten Ruf und haben dementsprechend ein hohes Ansehen. Tennert (2015) fasst zusammen, dass „[e]ine hohe respektive Reputation [..] mit einem guten Ruf gleichgesetzt werden [kann]." (Tennert, 2015, S. 305).

Im vorliegenden Fall soll die Unternehmensreputation anhand des Modells zur Messung der Reputation eines Unternehmens ermittelt werden. Als fiktives Unternehmen wurde die M&F GmbH gewählt. Eisenegger (2005) unterscheidet in seinem Modell drei verschiedene Dimensionen der Unternehmensreputation: die funktionale, die soziale und die expressive Reputation. Diesen drei Dimensionen ordnet er weitere Indikatoren zu, die zusammen mit den Dimensionen in Tabelle 1 abgebildet sind (Eisenegger, 2005, S. 37).

Dimensionen	Indikatoren
Funktionale reputation	Produkt- und Dienstleistungsqualität
	Wirtschaftlicher Erfolg
	Managementqualität / Kompetenz der Führung
	Innovationsfähigkeit
	Bedeutung / Marktposition
Soziale reputation	Soziale Verantwortung
	Wohlergehen der Mitarbeiter
	Ressourcen
	Umweltmanagement
Expressive reputation	Sympathie
	Faszination der Marke
	Faszination des Unternehmens

Tabelle 1: Dimensionen und Indikatoren der Unternehmensreputation nach Eisenegger (Eisenegger, 2005, S. 37; Tennert, 2015, S. 310).

Die funktionale Unternehmensreputation fokussiert die Leistungserfüllung und -fähigkeit des Reputationsträgers. Zentrale Aspekte bilden die Qualität der Produkte oder Dienstleistungen, das Preis-Leistungsverhältnis, der Nutzen, den die Kunden aus den Produkten oder der Dienstleistung ziehen oder die wirtschaftliche Entwicklung. Eine positive funktionale Unternehmensreputation bringt zum Ausdruck, dass ein Unternehmen seinen Zweck erfüllt (Tennert, 2015, S. 310). Durch die Erfüllung der Erwartungen der Bezugsgruppe schafft das Unternehmen Vertrauen. Bei einer dauerhaften Erfüllung der Kundenerwartungen können starke Reputationsschwankungen zudem abgefedert werden. Die soziale Reputation basiert auf gesellschaftlichen Normen und Wertvorstellungen. Daraus resultieren Aspekte wie die soziale Verantwortung und die Fairness des Reputationsträgers. Zuletzt bezieht sich die expressive Reputation auf emotionale Attraktivität und Authentizität eines Reputationsträgers. Hier steht die Generierung positiver Emotionen im Vordergrund (Tennert, 2015, S. 311).

Im Rahmen der Konzeption eines qualitativen Interviewleitfadens stellt sich zunächst die Frage nach dem Forschungsgegenstand und der daraus resultierenden Zielgruppe. Für die Auswahl eines Forschungsgegenstandes kann in der qualitativen Sozialforschung die Forschungstrias herangezogen werden. Sie besteht aus einem neugierigen Forscher, dem interessierten Phänomen und der Fachliteratur, Beobachtungen und anderen Quellen (Przyborski & Wohlrab-Sahr, 2014, S. 119). Aus der Forschungsfrage leitet sich die Zielgruppe ab. Im Gegensatz zur quantitativen Forschung, die einen großen Wert auf die Repräsentativität der Stichprobe legt, werden bei der qualitativen Forschung Stichproben bewusst ausgewählt. Dabei wird nicht das Ziel einer möglichen Repräsentativität der Stichprobe erfolgt, sondern die Definition einer Stichprobe, die in Bezug auf die Forschungsfrage den größten Erkenntnisgewinn liefert (Schreier, 2010, S. 241).

Der zu entwickelnde Interviewleitfaden soll zum Interview bei einer Gruppe ausgewählter Personen der drei wichtigsten Stakeholder (Interessengruppen) der M&F GmbH eingesetzt werden. Im Hinblick auf die Fragestellung stellen die Stakeholder „Kunden", „Kandidaten" und „Mitarbeiter" die wichtigsten Stakeholder dar. Bei der M&F GmbH handelt es sich um ein Personalberatungsunternehmen, das den Recruitingprozess für externe Unternehmen übernimmt. Dabei arbeiten die ersten Stakeholder, die „Mitarbeiter" der M&F GmbH, eng mit den Stakeholdern „Kunden" und „Kandidaten" zusammen. Bei den „Kunden" handelt es sich um die Unternehmen, die einen Recruitingprozess bei der M&F GmbH in Auftrag geben. Die „Kandidaten" sind demnach die Personengruppe, die in diesem Prozess an externe Unternehmen vermittelt werden sollen. Die „Kandidaten" lassen sich zudem noch in insgesamt drei Hauptkategorien unterteilen, je nachdem, an welcher Stelle des Recruitingprozess sie sich befinden. Die „Kandidaten" werden demnach eingeteilt nach Kandidaten, die sich noch im Vermittlungsprozess befinden (*KVP*), Kandidaten, die erfolgreich vermittelt wurden (*KEV*) und Kandidaten, die nicht vermittelt wurden (*KNV*)

Da die M&F GmbH ihre primären Ansprechpartner in den jeweiligen Personalabteilungen der Kunden hat, erscheint die Befragung der Sourcing- und HR-Leitung am sinnvollsten. Die Mitarbeiter der M&F GmbH selbst werden aus den Abteilungen „Vertrieb" und „Recruiting" ausgewählt. Zudem wird darauf geachtet, dass die ausgewählten Mitarbeiter alle Karrierestufen vertreten. Somit ergibt sich Folgende Stichprobenauswahl (siehe Tabelle 2):

Kandidaten			Mitarbeiter		Kunden		
KEV	KVP	KNV	Vertrieb	Recruiting	Unternehmen A	Unternehmen B	Unternehmen C
3	3	3	3	3	2	2	2

Tabelle 2: Stichprobenauswahl (Eigene Darstellung)

Nach der Festlegung der Forschungsfrage und der Auswahl der Stichprobe erfolgt die Konstruktion des Interviewleitfadens für das qualitative Leitfadeninterview. Bei einem Leitfadeninterview handelt es sich um ein halbstandardisiertes Interview, das im Verlauf sowohl die Reihenfolge als auch die Formulierung der Fragen an den Befragten angepasst werden können (Schreier, 2013, S. 225).

Bei der Konzeption eines qualitativen Interviewleitfadens stellt sich zunächst die Frage, welche der qualitativen Interviewtechniken sich für die gewählte Forschungsfrage und die zu befragende Zielgruppe am meisten eignet (Helfferich, 2011, S. 168). Für die Befragung im Rahmen einer Unternehmensreputation wird eine tiefgehende Befragungsform ausgewählt, da die Einstellungen und Motive der Befragten von Interesse sind. Dafür eignet sich das Tiefeninterview besonders, da es einen tiefgehenden Schwerpunkt in der Konzeption der Fragen und der Durchführung aufweist (Salcher, 2011, S. 27). Dabei kann das Tiefeninterview nach Misoch (2015) anhand vier Kennzeichen charakterisiert werden:

(1) **Struktur und Flexibilität**: Der Befragung liegt ein flexibler Interviewleitfaden zugrunde, der das Interview zwar strukturiert, jedoch offen für neue Erkenntnisse bleibt.

(2) **Interaktivität:** Im Verlauf des Interviews orientiert sich der Interviewer an den Antworten des Befragten.

(3) **Antworttiefe**: Nach einer zunächst oberflächlich gestellten Eingangsfrage, nutzt der Interviewer bestimmte Fragetechniken, um tiefliegende Einstellungen und Motive aufzudecken. Einige dieser Fragtechniken sind beispielsweise das kausale Nachfragen („Laddering") oder Tunnelfragen (vom Konkreten zum Allgemeinen) (Gerth, 2015, S. 45).

(4) **Aufmerksamkeitsfokus**: Ausschließlich der Befragte steht im Aufmerksamkeitsfokus des Interviewers (Misoch, 2015, S. 89).

Das Tiefeninterview kann auch zwei unterschiedliche Weisen durchgeführt werden. Eine erste Weise bildet das „Tandemgespräch" mit dem Forscher und dem Befragten, eine zweite Weise das „Triadengespräch", bei der neben dem Forscher und dem Befragten noch eine dritte Person an der Befragung teilnimmt. Bei dieser Person handelt es sich um einen Laien (Mey & Mruck, 2010, S. 428). Die Aufgabe der dritten Person besteht lediglich darin, dem Gespräch zuzuhören. So sollen Äußerungen, die dem Forscher unter Umständen aufgrund ihrer Selbstverständlichkeit entgangen wären, beachtet werden (Mey & Mruck, 2010, S. 249).

Unabhängig davon, ob das Interview als Tandem- oder Triadengespräch durchgeführt wird, muss die Datenerhebung mittels eines Mediums aufgezeichnet werden. Hierfür bieten sich Ton- oder Videoaufzeichnungen an (Scholl, 2018, S. 185). Zusätzlich werden nach der Befragung Postskripte angefertigt, welche die Eindrücke des Forschers vor und nach der Interviewphase enthalten. So kann sichergestellt werden, dass auch Eindrücke, die vor und nach der Aufnahme des Interviews sowie nonverbale Eindrücke mit in den späteren Auswertungsprozess einfließen (Mey & Mruck, 2010, S. 431).

Für die Durchführung wird aufgrund der aktuellen Pandemie eine virtuelle Face-to-Face Interviewform angeboten. Diese eigenen sich ebenfalls, wenn die Befragten über ein größeres Gebiet verteilt wohnen oder wenig Zeit für ein persönliches Interview haben. Durch die virtuelle Face-to-Face Interviewform kann flexibel auf die örtlichen und zeitlichen Präferenzen der Befragten sowie der Interviewer eingegangen werden. Zudem wird die Hemmschwelle an der Interviewteilnahme gesenkt. Außerdem wird die Aufzeichnung von Bild und Ton bei einer virtuellen Interviewform deutlich erleichtert, sodass der Forscher in der Auswertungsphase auf eine audiovisuelle Aufnahme zurückgreifen kann.

Der Interviewleitfaden wird als halbstandardisiertes Interview konzipiert und wird in drei Schritte gegliedert (Helfferich, 2011, S. 676).

(1) **Erzählaufforderung**: Der Befragte erhält die Möglichkeit, sich frei und offen zu äußern. Da die Äußerungen des Befragten relevant für die Forschungsfrage sein sollen, muss die Formulierung der Erzählaufforderung passend gewählt werden.

(2) **Nachfragen**: Relevante Aspekte, die noch nicht angesprochen wurden, werden durch gezieltes Nachfragen thematisiert.

(3) **Abschluss:** Zum Abschluss werden dem Befragten strukturierte und vorformulierte Fragen gestellt.

Insgesamt sind durch die drei Schritte drei wichtige Anforderungen an einen qualitativen Interviewleitfaden erfüllt. Diese sind Offenheit, Übersichtlichkeit und das Anschmiegen an den Erzählfluss (Helfferich, 2011, S. 677). Nach Helfferich (2011) beinhaltet das konkrete Vorgehen bei der Erstellung eines Leitfadens vier Schritte, die sich mit der Anagramm „SPSS" vereinfachen lassen. „SPSS" steht dabei für Sammeln, Prüfen, Sortieren und Subsumieren. In einem ersten Schritt werden Fragen gesammelt (S). Die Fragen sollen dabei einen möglichst breiten Bereich an Teilaspekten des Forschungsinteresses abdecken. Nach der Sammlung von Fragen werden diese überprüft (P). Hier sollen die Fragen vor allem hinsichtlich der Merkmale „neu" und „relevant" überprüft und so formuliert werden, dass sie diese beiden Merkmale abdecken. Auf geschlossene Fragen wird entweder verzichtet oder diese Fragen werden auf einem separaten Fragebogen für Faktenfragen hinzugefügt. Im nächsten Schritt werden die Fragen sortiert (S) und hinsichtlich ihrer zeitlichen Abfolge, ihrer inhaltlichen Zusammengehörigkeit und der Fragerichtung gebündelt. Zuletzt werden zum einen die Fragen unter Dimensionen subsumiert (S) und zum anderen um Indikatoren ergänzt (Helfferich, 2011, S. 678). Diese aufgezeigten vier Schritte lassen sich zu einem Schema zusammenfassen (siehe Tabelle 3).

Leitfrage / Stimulus / Erzählaufforderung	Inhaltliche Aspekte Stichworte – nur erfragen, wenn nicht von allein thematisiert	(Nach-) Fragen mit obligatorischer Formulierung
Erzählaufforderung		
Erzählaufforderung		
Erzählaufforderung		
Bilanzierungsfragen		
Einstellungsfragen		
Abschlussfrage: Fehlt etwas?		
Nach dem Interview: Ergänzender Fragebogen für Faktenfragen		

Tabelle 3: Schema eines Interviewleitfadens nach Helfferich (Helfferich, 2011, S. 678).

Abschließend wird dieser „Kernleitfaden" durch eine Begrüßungs- und Abschlussphase sowie die Erhebung formaler Daten ergänzt. In der Begrüßungsphase wird der Befragte über den Grund des Interviews sowie über das allgemeine Vorgehen informiert. Zudem wird mittels „Eisbrecherfragen" versucht, eine angenehme Gesprächsatmosphäre zu schaffen. Die Abschlussphase enthalt eine Verabschiedung und eine Danksagung (Döring & Bortz, 2016, S. 366; Reinhardt & Ornau, 2015, S. 21).

1.2 Die Durchführungsphase

Die Durchführung des Interviews in der Durchführungsphase soll wissenschaftlichen Standards genügen. Daher müssen Gütekriterien beachtet werden. Dafür bieten sich zum einen die klassischen Gütekriterien der quantitativen Forschung an. Diese sind Objektivität. Reliabilität und Validität. Die Objektivität bezeichnet nach Helfferich (2011) die methodisch kontrollierte und reflektierte Subjektivität, Reliabilität als Berücksichtigung des

Erhebungskontextes bei der Auswertung der Daten und letztlich die Validität das Offenheitsprinzip der Erhebung zu verstehen (Helfferich, 2011, S. 683).

Des Weiteren bildet die Auseinandersetzung mit möglichen Intervieweffekten einen Teil der Durchführungsphase. Intervieweffekte bezeichnen nicht erwünschte Einflüsse auf die Ergebnisse des Interviews (Reinecke, 1991, S. 27). Mögliche Intervieweffekte können sich beispielsweise auf sichtbare oder nicht sichtbare Merkmale des Interviewers beziehen (Reinhardt & Ornau, 2015, S. 24). Zudem sollten Strategien zur Minimierung der Intervieweffekte im Vorfeld definiert werden (Helfferich, 2011, S. 683). Um diese Effekte weiter zu minimieren, sollte der Interviewer oder die Interviewerin im Vorfeld ein Interviewtraining absolvieren, indem eine sorgfältige Sensibilisierung für Intervieweffekte stattfindet. Diese Trainings setzen sich idealerweise aus einer Basisschulung, studienspezifischen Briefings und einer regelmäßigen Kontrolle der Interviewperformanz zusammen (Jedinger & Michael, 2014, S. 370).

Zu Beginn des Interviews wird darauf hingewiesen, dass die Auswertung der Daten anonym verläuft und dass die gesammelten Daten hinreichend geschützt werden. Dies ergibt sich aus der steigenden Sensibilisierung der Bevölkerung für die Themen Persönlichkeitsrechte und Datenschutz. Zusätzlich unterzeichnet der Interviewte zum Abschluss eine Erklärung, mit welcher er dem Forscher die Erlaubnis gibt, Passagen aus dem Interview anonymisiert zu publizieren. (Reinhardt & Ornau, 2015, S. 45).

1.3 Die Auswertungsphase

Nach der Durchführung der Interviews müssen diese ausgewertet werden. Auch hier müssen Gütekriterien beachtet werden. Zur Auswertung der gesammelten Daten werden qualitative Interviews häufig mithilfe der interpretativ-explikativen Methode ausgewertet und analysiert (Lamnek, 2010, S. 366).

Die Auswertungsphase kann in vier Schritte unterteilt werden. Diese sind nach Lamnek (2010) Transkription, Einzelanalyse, generalisierende Analyse und Kontrollphase (Lamnek, 2010, S. 367; Ornau, 2014, S. 37). Zuerst erfolgt eine sorgfältige Transkription der zuvor aufgezeichneten Interviewmitschnitte. Eine Transkription bezeichnet nach Ludwig-Mayerhofer (2014) eine Verschriftlichung menschlicher Kommunikation, die meist auf Grundlage von Tonband- oder anderer Aufzeichnungen stattfindet (Kuckartz, 2014, S. 37). Hier besteht die Möglichkeit, nach vorheriger Festlegung von Transkriptionsregeln, nonverbale Kommunikation zu erfassen und ebenfalls zu transkribieren (Geyer, 2016, S. 112). Nach der Transkription der Tonaufnahme wird die Transkription mit dieser erneut abgeglichen und abschließend auf inhaltliche Unklarheiten Korrektur gelesen (Geyer, 2016, S. 113). Anschließend erfolgt eine Einzelanalyse. Diese hat zum Ziel die Charakteristik des jeweiligen Interviews herauszuarbeiten und diese mit wörtlichen Abschnitten zu kombinieren. Im dritten Abschnitt, der generalisierenden Analyse, liegt die Gesamtheit der gesammelten Daten im Fokus. Davon ausgehend soll auf Grundlage der gesammelten Daten eine verallgemeinerte theoretische Aussage getätigt werden (Lamnek, 2010, S. 368). In der abschließenden Kontrollphase sollen mögliche Fehler aufgedeckt und behoben werden, die durch das reduktive Vorgehen entstanden sein könnten (Lamnek, 2010, S. 369).

2. Gruppenbasierte Interviewverfahren

Eine Gruppendiskussion oder Fokusgruppe bezeichnet ein von mehreren Personen zu einem bestimmten Thema geführtes Gespräch, welches von einem Forscher moderiert wird. Die Stärke der Strukturiertheit sowie der Grad der Offenheit können hierbei variieren (Hug & Poscheschnik, 2015, S. 107). Die Diskussionen in der Gruppe sind geplant und dienen dem Ziel, Einstellungen zu einem bestimmten Bereich zu erheben. Dazu werden gezielt Kommunikationsprozesse in einer Gruppe initiiert, die einem alltäglichen Gespräch ähneln. Es geht primär nicht nur um den bloßen Austausch von Argumenten, sondern auch um Erzählungen, Erinnerungen oder gegenseitige Ergänzungen. Besonders entscheidend ist die Interaktion der Gruppe, wodurch die Methode über die simultane Befragung mehrerer Probanden hinausgeht. Neben der zuvor beschriebenen Offenheit, strebt die Gruppendiskussion Natürlichkeit der Erhebungssituation und Kommunikation an. Dies kann durch die Interaktion der Teilnehmenden erreicht werden, durch die eine natürliche Gesprächssituation entsteht (Vogl, 1991, S. 581).

Der Begriff „Gruppendiskussion" stammt aus dem angloamerikanischen Raum und lässt sich dort bis in die 1930er Jahre zurückverfolgen. Dort wurde er von dem Sozialpsychologen Kurt Lewin (1890 - 1947) in vielen seiner Studien eingesetzt (Naderer & Balzer, 2007, S. 281). Lewin begriff eine Gruppe als „dynamische Ganzheit", deren gezeigte Verhaltensweisen nur im Kontext des jeweiligen Lebensraumes zu verstehen sind. Somit ist die Gruppe weiter zu definieren als nur die Summe ihrer Mitglieder (Liebig & Nentwig-Gesemann, 2009, S. 103). In Deutschland fand die Gruppendiskussion bei Vertretern der Frankfurter Schule in den 1950er Jahren Einsatz (Lamnek, 2010, S. 375). Unabhängig von der jeweiligen Schwerpunktsetzung lassen sich insgesamt vier Merkmale einer Gruppendiskussion festhalten (Kühn & Koschel, 2018, S. 50):

1. Mehrere Teilnehmer werden zu der Diskussionsrunde eingeladen.
2. Die Diskussion wird von mindestens einem Moderator moderiert, der der Diskussion nicht als Teilnehmer beiwohnt.
3. Teilnehmer und Moderator interagieren miteinander.
4. Das Thema der Diskussion wird von Forschern vorgegeben.

Somit kann die Gruppendiskussion als „Gespräch einer Gruppe von Untersuchungspersonen zu einem bestimmten Thema unter Laborbedingungen" (Lamnek, 2010, S. 376) verstanden werden. Weiter differenziert Lamnek (2010) zwischen vermittelnder und ermittelnder Gruppendiskussion. Erstere findet als Interventionsmaßnehme häufig Anwendung in der Personal- und Organisationsentwicklung. Hier dient die Gruppendiskussion dazu, Problemlagen zu diagnostizieren, geeignete Interventionsmaßnahmen auszuwählen und die daraus resultierenden Effekte anschließend zu evaluieren. Die ermittelnde Gruppendiskussion wird in sozialwissenschaftlichen Settings angewendet. Hier liegt der Fokus der Forscher auf den Angaben der Gruppenmitglieder (Lamnek, 2010, S. 377). Neben dem Einsatz in der zuvor beschriebenen sozialwissenschaftlichen Forschung, werden Gruppendiskussionen auch in der Marktforschung, Politik- und Medienforschung eingesetzt (Kühn & Koschel, 2018, S. 10). Damit stellen Gruppendiskussionen neben Einzelinterviews ein wichtiges qualitatives Verfahren dar, um verbal geäußerte Daten zu erheben.

Der Einsatz von Gruppendiskussionen kann in unterschiedlichen Kombinationen von Methoden erfolgen. So kann die Gruppendiskussion als Zusammenspiel mit einer standardisierten Befragung stattfinden, bei der die Diskussion die Vorstudie zur eigentlichen Befragung bildet oder im Anschluss eingesetzt wird. Ebenfalls ist es möglich, dass die Gruppendiskussion als sogenannte Stand-Alone Methode eingesetzt wird (Kühn & Koschel, 2018, S. 19). Insgesamt kann der Einsatzbereich von Gruppendiskussionen in drei Kategorien eingeteilt werden (Kühn & Koschel, 2018, S. 22):

1. Verstehen und entwickeln
2. Testen, revidieren und umsetzen
3. Evaluieren und optimieren

Werden Gruppendiskussionen zum Verstehen und Entwickeln eingesetzt (1), dienen sie der Erschließung neuer Themen oder dem Kennenlernen des Wahrnehmung- und Bewertungsprozesses sowie des Wertesystems der Teilnehmenden. Des Weiteren dienen Gruppendiskussionen der Testung von Konzepten (2) hinsichtlich wichtiger Merkmale. Im Fokus der Forscher kann hier sowohl die Entscheidungsfindung als auch eine Feinabstimmung oder

Verbesserung stehen. Zuletzt können Gruppendiskussionen auch als Instrument der Evaluation dienen (3). Hier können die Wünsche und Vorstellungen der entsprechenden Zielgruppen kenngelernt und ein Produkt hinsichtlich der gewonnenen Daten optimiert werden (Kühn & Koschel, 2018, S. 23).

Durch die gemeinsame Durchführung der Diskussion im Gruppensetting ist die Entstehung von alltäglichen oder natürlichen Gesprächssituationen möglich. Diese können durch den eher konstruierten und alltagsfernen Charakter von Einzelinterviews nicht entstehen (Kühn & Koschel, 2018, S. 24). Dadurch ist die Gruppendiskussion deutlich dichter am Prozess der Meinungsbildung als das Einzelinterview und kann dahinterliegende Mechanismen aufzeigen und nicht öffentliche Meinungen öffentlich machen. Somit stellt die Gruppendiskussion eine wichtige Forschungsmethode dar, wenn es um die Aufdeckung unterschwelliger, weniger kognitiv kontrollierter Schematat geht (Bremer, 2004, S. 105). Aber auch für die Ergründung eines wenig untersuchten Forschungsgegenstandes oder bei einer ersten Orientierung in einem Forschungsfeld eignet sich die Gruppendiskussion. Im späteren Verlauf können die dort gewonnenen Erkenntnisse bei der Erstellung eines Interviewleitfadens oder Fragebogens verwendet werden. Je nach Zielsetzung, die der Forscher verfolgt, muss überlegt werden, auf welche Art von Gruppe (natürliche oder künstliche Gruppe) zurückgegriffen werden soll und welche Merkmale (homogene oder heterogene Merkmale) die Gruppe vorweisen soll (Hug & Poscheschnik, 2015, S. 107-108). Eine differenzierte Betrachtung der Art von Gruppen und deren Merkmalen findet sich in Tabelle 4.

Natürliche Gruppe	Heterogene Gruppe
Personenkonstellation existiert auch außerhalb der Forschungssituation	Personen unterscheiden sich hinsichtlich relevanter Merkmale
Künstliche Gruppe	Homogene Gruppe
Personenkonstellation dient der Forschungssituation	Personen ähneln sich hinsichtlich relevanter Merkmale

Tabelle 4: Arten von Gruppen und deren Merkmale (Eigene Darstellung)

Dagegen kann die Kommunikation in Einzelinterviews stärker hinsichtlich des Erkenntnisgewinns für die Forschungsfrage strukturiert werden, da der

Moderator der Gruppendiskussion eine eher beobachtende Rolle im Vergleich zum Interviewer im Einzelinterview einnimmt (Bremer, 2004, S. 104). Somit scheidet die Befragung einzelner Teilnehmer durch den Moderator während der Gruppendiskussion aus (Lamnek, 2010, S. 385). Durch einen fehlenden Situationsbezug finden jedoch situationsspezifische Verhaltensweisen und Einstellungen in Einzelinterviews keine Berücksichtigung (Lamnek, 2010, S. 382). Einen nichtmethodischen Vorteil bringt die Gruppendiskussion ebenfalls mit sich, da sie im Vergleich zu Einzelinterviews mit weniger Zeit- und Materialkosten verbunden ist. Daher ist sie deutlich ressourcenschonender (Lamnek, 2010, S. 384).

3. Gütekriterien in der qualitativen Forschung

Im Gegensatz zur quantitativen Forschung stellen Gütekriterien in der qualitativen Forschung ein umstrittenes Thema dar. In der quantitativen Forschung werden die drei Hauptgütekriterien Objektivität, Validität und Reliabilität berücksichtigt, während in der qualitativen Forschung verschiedene Theorien bezüglich der Gütekriterien vertreten sind (Kergel, 2017, S. 51). Gütekriterien kommt in der qualitativen Forschung nicht nur aufgrund der Haltbarkeit der Forschungsergebnisse eine große Bedeutung zu, sondern ebenfalls in Bezug auf die Verlässlichkeit diagnostischer Entscheidungen auf Basis von qualitativen Forschungsmethoden, wie beispielsweise klinischer Interviews (Flick, 2010, S. 3). Derzeit werden drei unterschiedliche Auffassungen diskutiert (Döring & Bortz, 2016, S. 107; Ornau, 2014, S. 73; Steinke, 2008, S. 319-321):

o **Orientierung an Gütekriterien quantitativer Forschung**

Diese Vorgehensweise orientiert sich an den Gütekriterien der quantitativen Forschung. Das bedeutet, dass die drei Hauptgütekriterien Objektivität, Validität und Reliabilität auf den qualitativen Ansatz übertragen werden.

o **Entwicklung eigener Gütekriterien**

Bei diesem Ansatz werden eigene Gütekriterien entwickelt, die über die der quantitativen Forschung hinausgehen. Hier werden die Logik und die Besonderheiten der qualitativen Forschung berücksichtigt und die Gütekriterien diesbezüglich abgestimmt

o **Ablehnung jeglicher Gütekriterien**

Dieser Ansatz steht der Verwendung von Gütekriterien kritisch gegenüber. Wissenschaftler, die diesen Ansatz vertreten, hegen allgemeine Zweifel gegenüber jeglicher Formulierung von Gütekriterien in der qualitativen Forschung. Dies begründen sie durch die Tatsache, dass qualitative Forschung in Bezug auf ihre methodischen und methodologischen Vorgehensweisen und wissenschaftstheoretischen Grundlagen sehr ausdifferenziert ist. Somit würde die Offenheit und die Flexibilität der qualitativen Forschung durch allgemein-verbindliche Gütekriterien eingeschränkt werden.

Vor allem die Frage, ob und inwiefern die „klassischen" Gütekriterien (Objektivität, Reliabilität und Validität) in der qualitativen Forschung angewandt werden können, ist viel diskutiert (Flick, 2010, S. 247). Dementsprechend diskutieren beispielsweise Steinke (1999) oder Kirk und Miller (1986) Reliabilität und Validität hinsichtlich ihrer Anwendbarkeit für die qualitative Forschung. Es wird jedoch deutlich, dass die Reliabilität, die im klassischen Sinne die Stabilität von Daten und Ergebnissen über mehrere Erhebungen hinweg bezeichnet, für die Bewertung qualitativer Daten eher ungeeignet ist. Identische Wiederholungen einer Erzählung bei wiederholten narrativen Interviews sind unnatürlich und lassen eher auf eine „zurechtgelegte" Version der Geschichte schließen. Auch die Anwendung der Validität, die kurz gefasst die inhaltliche Genauigkeit der Messung bezeichnet, führt in der qualitativen Forschung zu Problemen. Die interne Validität kann beispielsweise durch eine umfassende Kontrolle der Kontextbedingungen in der Untersuchung erhöht werden. Dies kann durch eine Standardisierung der Erhebungs- und Auswertungssituationen erreicht werden. Jedoch ist der benötigte Grad an Standardisierung mit einem großen Teil der gängigen qualitativen Methoden nicht kompatibel (Flick, 2010, S. 250). Die Objektivität hingegen wird selten als Kriterium in der qualitativen Forschung angewendet. Jedoch machen Madill et. al (2000) die Objektivität an der Analyse qualitativer Daten fest. Indem zwei Forschende zu gleichen Ergebnissen kommen, ist die „Konsistenz der Bedeutung durch die Triangulation der Ergebnisse zweier unabhängiger Forscher" (Madill et. al. 2000, S. 17) gegeben.

Aufgrund der verbleibenden Skepsis, inwiefern die klassischen Gütekriterien auf die qualitative Forschung angewendet werden können, existieren eine Vielzahl von Kriterienkatalogen, die alternative Gütekriterien für die qualitative Forschung definieren. Mayring (2010) beschreibt beispielsweise Kriterien, wie Verfahrensdokumentation, Nähe zum Gegenstand, intersubjektive Nachvollziehbarkeit oder Relevanz (Ornau, 2014, S. 74). Lincoln und Guba (1985) hingegen schlagen Gütekriterien vor, welche an den klassischen Gütekriterien angelehnt sind. Die von den Autoren beschriebene „Verlässlichkeit" entspricht dabei beispielsweise dem Gütekriterium Reliabilität, da mithilfe der Verlässlichkeits- bzw. Prozessaudits der Grad der Verlässlichkeit festgestellt bzw. bewertet werden kann (Ornau, 2014, S. 74).

3.1 Die sieben Kernkriterien zur Bewertung qualitativer Forschung nach Steinke

Wie bereits geschildert, existieren eine Vielzahl von Kriterienkatalogen in der qualitativen Forschung. Einer der wohl meist diskutierten sind die sieben Kernkriterien zur Bewertung qualitativer Forschung von Steinke (1999) (Döring & Bortz, 2016, S. 111). Die Kriterien lassen sich wie eine Checkliste nutzen und ermöglichen durch ihre Verwendung, dass Untersuchungen mit hoher Qualität geplant, umgesetzt und dargestellt werden können. Zugleich kann auch eine vorliegende Publikation anhand der Kernkriterien bewertet werden. Eine starre Anwendung aller Kriterien ist jedoch nicht vorgesehen – vielmehr sollen sie auf den jeweiligen Untersuchungsgegenstand abgestimmt und ausgewählt werden. Anschließend besteht ebenfalls die Möglichkeit der Modifikation oder Erweiterung der jeweiligen Kernkriterien (Döring & Bortz, 2016, S. 111). Diese Anwendung steht in direktem Kontrast zu den vier Kriterien der Glaubwürdigkeit von Lincoln und Guba (1985), die methodische Strenge als eine von vier Kriterien für die Sicherung wissenschaftlicher Qualität definieren (Döring & Bortz, 2016, S. 111). Alle sieben Kernkriterien werden mithilfe von Methoden abgesichert und lauten wie folgt (Döring & Bortz, 2016, S. 112-113):

1. Intersubjektive Nachvollziehbarkeit
2. Indikation
3. Empirische Verankerung
4. Limitation
5. Reflektive Subjektivität
6. Kohärenz
7. Relevanz

Im Folgenden werden vier der zuvor genannten Kernkriterien ausführlich dargestellt und auf die qualitative Inhaltsanalyse angewandt.

1. Intersubjektive Nachvollziehbarkeit

Interaktive Nachvollziehbarkeit umfasst die Fragestellung, wie gut Außenstehende den gesamten qualitativen Forschungsprozess anhand der Dokumentation der Studie im Detail nachvollziehen und bewerten können und beinhaltet die beiden Unterkriterien Transparenz und Explizitheit (Döring & Bortz, 2016, S.112). In der qualitativen Inhaltsanalyse bildet die intersubjektive

Nachvollziehbarkeit eine Grundlage und wird durch eine umfassende Dokumentation des gesamten Forschungsprozesses erreicht. Diese Dokumentation schließt nach Bortz & Döring (2016) folgendes ein:

- o Das Vorverständnis über den Forschungsgegenstand
- o Die Erhebungsmethoden sowie die Erhebungskontexte
- o Die Transkriptionsregeln
- o Die Auswertungsmethoden

- o Die Informationsquellen
- o Die Entscheidungen und Probleme im Forschungsprozess
- o Die angelegten Gütekriterien
- o Die Reflexion der eigenen Subjektivität

Darüber hinaus müssen für den Grad der intersubjektiven Nachvollziehbarkeit die Interpretationen in Gruppen und die Anwendung kodifizierter Verfahren berücksichtigt werden (Döring & Bortz, 2016, S. 112; Magnus, 2016, S. 175). Zudem müssen Auswertungsschritte und die hierfür verwendeten Informationen transparent und explizit festgehalten werden.

2. Indikation

Indikation beschreibt, wie gut die einzelnen methodischen Entscheidungen, die im Forschungsprozess getroffen werden, hinsichtlich ihrer Angemessenheit begründet sind. Der Schwerpunkt liegt hierbei nicht nur auf der Angemessenheit des Gegenstandes, sondern auf der des gesamten Forschungsprozesses. Die Indikation umfasst somit mehrere Unterkategorien, wie beispielsweise die Indikation qualitativen Vorgehens angesichts der Fragestellung, der Indikation der Methodenauswahl, der Transkriptionsregeln oder der Samplingstrategie (Döring & Bortz, 2016, S. 112). Angewandt auf die qualitative Inhaltsanalyse lässt sich die Indikation des Forschungsprozesses im Hinblick auf die Unterkategorien wie folgt unterteilen (Döring & Bortz, 2016, S. 112):

- o *Qualitativer Ansatz*: Eine Erläuterung in Bezug auf die Fragestellung, warum ein qualitativer Ansatz für das vorliegende Forschungsproblem geeignet oder sogar notwendig ist.

- o *Methoden*: Eine konkrete Begründung, warum und inwiefern die ausgewählten qualitativen Methoden und die Art ihrer Anwendung gegenstandsangemessen sind.
- o *Transkription*: Eine Erläuterung der ausgewählten Transkriptionsregeln, um deren Angemessenheit für das Forschungsproblem zu erläutern.
- o *Sampling*: Eine Erläuterung der Angemessenheit der ausgewählten Samplingstrategie.
- o *Bewertungskriterien*: Eine Begründung, warum die herangezogenen Qualitätskriterien der Fragestellung, den Methoden und dem Forschungsgegenstand angemessen sind.

3. Empirische Verankerung

Die empirische Verankerung bezieht sich auf die Frage, wie gut die gebildeten und / oder geprüften Hypothesen und Theorien auf Basis der empirischen Daten begründet sind. Hierbei werden die Unterkategorien „Empirische Verankerung der Theoriebildung" und „Empirische Verankerung der Theorieprüfung" unterschieden (Döring & Bortz, 2016, S. 113). Erstere erfordert im Hinblick auf den die qualitative Inhaltsanalyse den Einsatz von kodifizierten Verfahren zur empirisch verankerten Theoriebildung, während sich Zweitere weiter aufgliedert (Döring & Bortz, 2016, S. 113) in:

- o Einsatz von kodifizierten Verfahren zur empirisch verankerten Theorieprüfung. Dazu gehören:
  - Hinreichende Textbelege für die generierte Theorie
  - Der Umgang mit Widersprüchen, abweichenden oder negativen Fällen.
- o Analytische Induktion
- o Prognosen: innerhalb des Textes und über künftiges Verhalten
- o Kommunikative Validierung

4. Reflektierte Subjektivität

Die reflektive Subjektivität fokussiert die Forschenden. Hier wird beobachtet, wie umfassend und reflektiert den Forschenden ihre eigenen subjektiven Positionen und Rollen bewusst sind. Diese stehen im Verhältnis zum untersuchten Phänomen und zu den untersuchten Personen oder Personengruppen und hängt somit mit der Fähigkeit der Forschenden zur Selbstreflexion über das gesamte Forschungsvorhaben zusammen. Auf die qualitative Inhaltsanalyse angewandt erfolgt eine Erläuterung der Art der Reflexion der Forschenden hinsichtlich ihrer subjektiven Perspektiven und Rollen im Forschungsprozess. Hier können unterschiedliche Aspekte miteinbezogen werden (Döring & Bortz, 2016, S. 113):

- o Wird der Forschungsprozess durch Selbstbeobachtung begleitet?
- o Ist eine Reflexion von persönlichen Voraussetzungen für die Erforschung der Untersuchungsgegenstände zu berücksichtigen?
  - Die Angemessenheit des methodischen Vorgehens und des Untersuchungsgegenstands für den Forschenden
  - Die Reflektion der Angehörigkeit einer Berufsgruppe des Forschenden
  - Die Reflexion der Kulturellen Herkunft des Forschenden
- o Existiert eine gleichschwebende Aufmerksamkeit als Einstellung zum Forschungsthema und der Rolle des Forschenden?
- o Findet eine Oszillation zwischen Annäherung und Distanz zum Untersuchungsgegenstand statt, die zu einer Herstellung einer reflektierten Beziehung zum Untersuchungsgegenstand führt?

Literaturverzeichnis

Bremer, H. (2004). *Soziale Milieus im gesellschaftlichen Strukturwandel.* Münster: LIT.

Döring, N., & Bortz, J. (2016). *Forschungsmethoden und Evaluation in den Sozial- und Humanwissenschaften* (5. vollständig überarbeitete, aktualisierte und erweiterte Auflage). *Springer-Lehrbuch.* Berlin, Heidelberg: Springer. Retrieved from http://dx.doi.org/10.1007/978-3-642-41089-5

Eisenegger, M. (2005). *Reputation in der Mediengesellschaft: Konstitution - Issues Monitoring - Issues Management.* Zugl.: Zürich, Univ., Diss., 2004 u.d.T.: Eisenegger, Mark: Reputationskonstitution, Issues Monitoring und Issues Management in der Mediengesellschaft (1. Aufl.). Wiesbaden: Springer Fachmedien.

Flick, U. (2010). Gütekriterien qualitativer Forschung in der Psychologie. In G. Mey & K. Mruck (Eds.), *Handbuch Qualitative Forschung in der Psychologie* (1st ed.). s.l.: VS Verlag für Sozialwissenschaften (GWV).

Gerth, N. (2015). *IT-Marketing: Produkte anders denken - denn nichts ist, wie es scheint.* Berlin, Heidelberg: Springer.

Geyer, B. (2016). *Herausforderungen in der Qualitativen Sozialforschung.* Berlin, Heidelberg: Springer.

Helfferich, C. (2011). *Die Qualität qualitativer Daten: Manual für die Durchführung qualitativer Interviews.* Wiesbaden: VS Verlag für Sozialwissenschaften.

Hug, T., & Poscheschnik, G. (2015). *Empirisch forschen. Die Planung und Umsetzung von Projekten im Studium.* Konstanz: UVK Verlagsgesellschaft.

Jedinger, A., & Michael, T. (2014). Handbuch Methoden der empirischen Sozialforschung. In N. Baur & J. Blasius (Eds.), *Handbuch Methoden der empirischen Sozialforschung.* Wiesbaden: Springer VS.

Kergel, D. (2017). *Qualitative Bildungsforschung: Ein integrativer Ansatz.* Wiesbaden: Springer.

Kuckartz, U. (2014). *Qualitative Inhaltsanalyse: Methoden, Praxis, Computerunterstützung.* Weinheim, Basel: Beltz Juventa.

Kühn, T., & Koschel, K.-V. (2018). *Gruppendiskussionen: Ein Praxis-Handbuch.* Wiesbaden: Springer.

Lamnek, S. (2010). *Qualitative Sozialforschung.* Weinheim: Belz.

Liebig, B., & Nentwig-Gesemann, I. (2009). *Handbuch Methoden der Organisationsforschung.* Wiesbaden: VS Verlag für Sozialwissenschaften.

Magnus, D. C. (2016). *Hochschulprojektmanagement – Individuelle Akteure gestalten, Educational Governance und Management.* Heidelberg: Springer Fachmedien.

Mayer, O. H. (2008). *Interview und schriftliche Befragung. Entwicklung, Durchführung und Auswertung.* München.

Mey, G., & Mruck, K. (2010). Interviews. In G. Mey & K. Mruck (Eds.), *Handbuch Qualitative Forschung in der Psychologie* (1st ed., pp. 423–435). s.l.: VS Verlag für Sozialwissenschaften (GWV).

Misoch, S. (2015). *Qualitative Interviews*. Oldenbourg: de Gruyter.

Naderer, G., & Balzer, E. (2007). *Qualitative Marktforschung in Theorie und Praxis: Grundlagen, Methoden und Anwendungen*. Wiesbaden: Springer.

Ornau, F. (2014). *Inhaltsanalyse: Titel Nr. 1141-01* (Studienbrief). SRH Fernhochschule, Riedlingen.

Przyborski, A., & Wohlrab-Sahr, M. (2014). Forschungsdesigns für die qualitative Sozialforschung. In N. Baur & J. Blasius (Eds.), *Handbuch Methoden der empirischen Sozialforschung* (pp. 117–134). Wiesbaden: Springer VS.

Reinecke, J. (1991). *Interviewer- und Befragtenverhalten: theoretische Ansätze und methodische Konzepte*. Opladen: Westdeutscher Verlag.

Reinhardt, R., & Ornau, F. (2015). *Interviewtechnik: Titel-Nr. 1002-02* (Studienbrief). SRH Fernhochschule, Riedlingen.

Salcher, E. F. (2011). *Psychologische Marktforschung*. Oldenbourg: de Gruyter.

Scholl, A. (2018). *Die Befragung*. Stuttgart: UTB.

Schreier, M. (2013). Qualitative Erhebungsmethoden. In W. Hussy, M. Schreier, & G. Echterhoff (Eds.), *Springer-Lehrbuch. Forschungsmethoden in Psychologie und Sozialwissenschaften für Bachelor* (2nd ed., pp. 222–244). Berlin, Heidelberg: Springer.

Schreier, M. (2014). Varianten qualitativer Inhaltsanalyse. Ein Wegweiser im Dickicht der Begrifflichkeiten. *Forum: Qualitative Sozialforschung, 15*(1). Retrieved from https://www.researchgate.net/profile/Margrit_Schreier/publication/264788264 –

Steinke, I. (2008). Gütekriterien qualitativer Forschung. In U. Flick, E. von Kardorff, & I. Steinke (Eds.), *Qualitative Forschung. Ein Handbuch*. Hamburg: Rowohlt.

Tennert, F. (2015). Reputationsmanagement und Reputationsmodelle. In J. Lies (Ed.), *FOM-Edition / FOM Hochschule für Oekonomie & Management. Theorien des PR-Managements: Geschichte - Basiswissenschaften - Wirkungsdimensionen* (pp. 304–313). Wiesbaden: Springer Gabler.

Vogl, S. (1991). Gruppendiskussion. In U. Flick, E. von Kardorff, H. Keupp, L. Rosenstiel, & W. Stephan (Eds.), *Handbuch qualitative Sozialforschung. Grundlagen, Konzepte, Methoden und Anwendungen* (pp. 695–700). München: Beltz.

Anhang
Qualitativer halbstandardisierter Interviewleitfaden zum Thema
Unternehmensreputation

1. Einleitung / Begrüßung

Herzlich Willkommen Herr / Frau _____.

Vielen Dank, dass sie sich Zeit für dieses Gespräch genommen haben. Bevor ich mit dem Interview starte, möchte ich Ihnen einen kurzen Überblick über die Inhalte des Interviews geben. Ich arbeite im Auftrag der M&F GmbH und führe eine Studie zur Unternehmensreputation durch. Ziel ist es, etwas über den Ruf der M&F GmbH zu erfahren. Für das Interview verwende ich einen halbstandardisierten Interviewleitfaden zur Erhebung Ihrer Sichtweise zu der Unternehmensreputation der M&F GmbH. Insgesamt werden nicht nur Sie, sondern auch noch weitere wichtige Stakeholder befragt.

Ich bitte Sie die Fragen aus Ihrer Sicht zu beantworten. Ich werde Sie nicht unterbrechen oder Ihre Antworten bewerten. Die M&F GmbH wird über ihre Teilnahme am Interview und über Ihre Antworten nicht informiert.

Bei der Terminvereinbarung haben wir einen zeitlichen Rahmen von 45 Minuten festgesetzt. Sie brauchen sich nicht kurz zu fassen, da wir ausreichend Zeit für das Gespräch haben.

Sie haben im Vorfeld die Einverständniserklärung unterzeichnet, dass dieses Interview mitgeschnitten werden darf. Anschließend wird die Tonspur transkribiert und einzelne Aussagen dürfen zu Publikationszwecken anonymisiert veröffentlicht werden.

2. Formaler Teil

Vorname, Name	
Alter	
Geschlecht	
Unternehmen	
Position	
Datum des Interviews	

Beginn des Interviews	
Ende des Interviews	

3. Spezieller Teil

Die Indikatoren der Dimensionen, auf die die Fragen abzielen, sind jeweils in eckige Klammern gesetzt.

1. Dimension: die funktionale Reputation

Eröffnungsfrage: Wie beurteilen Sie die M&F GmbH hinsichtlich ihrer Fachkompetenz und ihrer Qualität?

Nachfragen:
- o Welches Bild haben Sie von den Services und der Qualität der Produkte der M&F GmbH?
- o Bitte beschreiben Sie das Preis-Leistungs-Verhältnis der M&F GmbH [Produkt- und Dienstqualität]
- o Wie sehen Sie die wirtschaftliche Stabilität des Unternehmens? [Wirtschaftlicher Erfolg]
- o Wie beurteilen Sie die Führung der M&F GmbH?
- o Welches Wachstumspotential schreiben Sie der M&F GmbH zu? [Managementqualität / Kompetenz der Führung]
- o Für wie klar erachten Sie die Zukunftsvorstellungen der M&F GmbH? [Innovationsfähigkeit]
- o Sehen Sie in der M&F GmbH eher einen Vorreiter oder einen Mitläufer? [Bedeutung / Marktposition]

2. Dimension: die soziale Reputation

Eröffnungsfrage: Inwieweit nehmen Die die M&F GmbH als ein Unternehmen war, das seiner sozialen Verantwortung gerecht wird?

Nachfragen:

- o Inwiefern übernimmt die M&F GmbH gesellschaftliche Verantwortung? [soziale Verantwortung]
- o Wie bewerten Sie die Attraktivität der M&F GmbH als Arbeitgeber? [Wohlergehen der Mitarbeiter]
- o Was leistet die M&F GmbH für den Umweltschutz? [Umweltmanagement]

3. Dimension: die expressive Reputation

Eröffnungsfrage: Wie beurteilen Sie die M&F GmbH im Vergleich zu anderen Firmen der Branche?

Nachfragen:

- o Welche Emotionen verbinden Sie mit der M&F GmbH?
- o Welchen Gesamteindruck haben Sie über die M&F GmbH? [Sympathie]
- o Nehmen Sie die M&F GmbH als Marke wahr? [Faszination der Marke]
- o Inwiefern grenzt sich die M&F GmbH von anderen Unternehmen der Branche ab? [Faszination des Unternehmens]

4. Abschluss

Wir sind nun am Ende des Interviews angelangt. Vielen Dank für Ihre Teilnahme an dem Interview und Ihre ausgiebige Beantwortung der Fragen. Haben sie jetzt noch Punkte zur Unternehmensreputation, die Sie noch anmerken wollen? Haben Sie noch allgemeine Anmerkungen oder Fragen zu dem Interview?

BEI GRIN MACHT SICH IHR
WISSEN BEZAHLT

- Wir veröffentlichen Ihre Hausarbeit,
  Bachelor- und Masterarbeit

- Ihr eigenes eBook und Buch -
  weltweit in allen wichtigen Shops

- Verdienen Sie an jedem Verkauf

Jetzt bei www.GRIN.com hochladen
und kostenlos publizieren